LE
CHRISTIANISME
ET LE
SOCIALISME.

Discours

PRONONCÉ DANS LE TEMPLE D'AVÈZE, LE 17 FÉVRIER 1850,

PAR

L. VIGUIER, Pasteur.

Montpellier.

TYPOGRAPHIE ET LITHOGRAPHIE DE BOEHM.

1850.

PRÉFACE.

—

On se tromperait étrangement si l'on cherchait dans ce discours une réfutation du communisme, du socialisme et des autres utopies qui, depuis quelques années, se sont accréditées dans le monde. En composant un sermon, j'ai trouvé ces utopies sur mon chemin, et, au lieu de les éviter, j'ai cru qu'il était de mon devoir de les aborder et de dire à mes paroissiens ce que j'en pense, sans sortir des limites que je m'étais imposées. Il ne faut donc pas chercher ici une réfutation complète de toutes ces nouveautés étranges qui, depuis le 24 Février, surgissent de toutes parts, et qui se déploient devant le public avec une hardiesse sans égale; je n'en ai dit que ce qu'il m'a été possible d'en dire sans m'écarter de mon sujet. A mon avis le Christianisme répond aux besoins de l'esprit humain, aux besoins de la conscience, ainsi qu'aux besoins matériels de la vie, et je le crois infiniment plus propre à guérir les maux dont les hommes se plaignent, que tous les rêves de nos modernes utopistes, en supposant qu'il fût possible de les appliquer. J'ai dit cela et je n'ai pas voulu dire autre chose; j'ai cru, c'est pourquoi j'ai parlé. (2. Cor. IV, 13.)

Mon principal but en publiant ce sermon, est de faire du bien autour de moi, en prouvant aux socialistes de mon Église, qu'ils sont dupes de quelques journalistes, de quelques écrivains ou de quelques meneurs, et qu'ils ont grand tort de poursuivre des choses dont la réalisation me paraît impossible, et qui ne leur donneraient certainement pas ce qu'elles leur promettent, en supposant qu'il fût possible de les obtenir.

Mon but secondaire est de répondre, par le sermon même, aux personnes qui, dans mon Église et hors de mon Église, semblent avoir pris à tâche de me dénigrer, et qui, toutes les fois que l'occasion s'en présente, se procurent le sot plaisir de me faire du mal. Après les avoir longtemps dédaignées, j'aurais voulu les frapper sans ménagement, et leur faire toucher au doigt, dans cette Préface, leur ignorance, leur injustice, leur hypocrisie et surtout leur inconcevable lâcheté ; mais quelques amis, que j'ai consultés sur mon dessein, m'ayant recommandé la modération, j'ai mieux aimé renoncer à mon projet que de suivre la ligne de défense qu'ils m'ont tracée. Il en sera donc par la suite comme par le passé. Au lieu de me plaindre et de me défendre, je garderai, quoi qu'on dise et quoi qu'on fasse, le silence le plus absolu, décidé à ne faire aucun cas des aboyeurs et de leurs morsures, et à ne les prendre au sérieux que lorsque leur opposition, cessant d'être sourde et ténébreuse, se produira sur la grande scène, et se manifestera par des faits qui ne pourront point être contestés.

LE
CHRISTIANISME
ET LE
SOCIALISME.

Cet Évangile du royaume sera prêché dans toute la terre, pour servir de témoignage à toutes les nations.
Matthieu, chap. XXIV, v. 14.

Ceux d'entre vous qui lisent les journaux politiques et qui ont une certaine connaissance du communisme, du socialisme et des autres systèmes humanitaires qui, depuis quelques années, se sont popularisés dans notre patrie, doivent savoir que des hommes auxquels les lumières ne manquent pas, prophétisent la chute du Christianisme. Les armes avec lesquelles ils attaquent cette institution religieuse, sont autres que celles dont se servaient ses adversaires du dernier siècle. Mais si l'armure des assaillants est changée, si la lutte s'est engagée sur un autre terrain, les attaques qu'on lui fait éprouver ne sont, pour cela, ni moins violentes ni moins acharnées.

Les premiers adversaires du Christianisme s'en prenaient à ce qui, dans cette institution religieuse, est au-dessus des lumières de la raison ; ils en attaquaient les faits surnaturels, les œuvres prodigieuses, tout ce qui, dans la Bible, contraste avec nos mœurs et notre civilisation, et, dans leur haine contre ce livre entouré du respect et de la vénération des peuples, ils ne lui épargnaient aucune injure, ils ne lui faisaient grâce d'aucune invective. C'était à qui en dirait le plus de mal, à qui lui porterait les coups les plus redoutables. Cependant ces hommes sont tombés. Les armes dont ils se servaient, et qui furent si puissantes alors, sont aujourd'hui usées ; leurs plaisanteries contre la Bible, contre Moïse et contre Jésus–Christ, plaisanteries dont l'effet fut prodigieux, sont entièrement passées de mode ; et le Christianisme, qu'ils croyaient avoir blessé à mort, est encore là plein de vie et de puissance, et la parole de Jésus, cette puissante parole qu'ils croyaient avoir pour jamais détruite, n'a rien perdu de son empire sur les cœurs.

Aujourd'hui, les adversaires du Christianisme s'y prennent d'une toute autre manière, et il faut convenir qu'il y a plus d'adresse dans leurs attaques, s'il n'y a pas plus de bonne foi. Au lieu de dire du mal de la religion chrétienne, ils en disent du bien ; au lieu de la tourner en ridicule, comme leurs prédécesseurs, et de la salir par de grossières injures, ils la préconisent, ils exaltent les services qu'elle a rendus. A les entendre, le Christianisme est une institution excellente, qui a fait beaucoup de bien, qui a rendu d'importants services à la cause sociale, qui est entrée pour beaucoup dans les progrès de notre civilisation, et à laquelle nous sommes redevables de la plupart des biens moraux dont nous avons le bonheur de jouir; mais cette institution, bonne pour l'époque où elle fit son apparition dans le monde, pour la longue période qu'elle a parcourue, ne saurait nous convenir aujourd'hui. Elle a fait son temps; elle est, de nos jours, impuissante et usée. Le Christianisme, jadis si plein de vie et de puissance, n'est plus qu'un corps tellement affaibli qu'il se soutient à peine; il ne marche qu'en chancelant; sa chute est inévitable et prochaine.

Je me propose, mes Frères, de réfuter, en ce moment, cette opinion éclose depuis quelques années, et dont certains journalistes se sont déclarés les défenseurs. Je vous prouverai que le Christianisme n'est pas aussi malade qu'on veut bien le dire; qu'au lieu d'être sur le point de mourir, comme on ne cesse de le répéter, il est, au contraire, plein de vie et de puissance, et qu'il viendra un jour où, selon la promesse de son fondateur, il sera prêché sur toute la terre, pour servir de témoignage à toutes les nations.

Veuillez nous prêter une attention soutenue, et nous suivre dans des détails que nous avons mis à la portée de toutes les intelligences.

Remarquez bien, mes Frères, que lorsque je dis que le Christianisme ne meurt pas, qu'il est plein de vie et de puissance, et qu'il accomplira la destinée qui lui a été prédite par son fondateur, ce n'est pas du protestantisme que je veux parler, moins encore de son prédécesseur le catholicisme, ni de telle autre forme que le Christianisme peut avoir revêtue, ou qu'il revêtira dans l'avenir ; mais du livre que nous appelons la Parole de Dieu, de ce qu'il y a de divin, de vivant et de durable dans ce livre (1), qui est déjà bien vieux et qui pourtant vit encore, qui a essuyé bien des orages, et qui, debout après tant de tempêtes, semble défier encore la colère de ses ennemis.

Est-ce vrai que le Christianisme se meurt ? Est-ce vrai qu'il ne répond pas aux nécessités du moment ? Est-ce vrai que des besoins nouveaux, nés d'une civilisation plus avancée, demandent, pour être satisfaits, une nouvelle religion ? On ne peut pas nier que le Christianisme, depuis qu'il a pris possession du monde civilisé, n'y ait laissé beaucoup de besoins à satisfaire ; évidemment il n'a pas guéri tous les maux qui sont susceptibles de l'être, et on

(1) Il ne faudrait pas donner à ces paroles plus de portée qu'elles n'en ont. Je crois que toute la Bible est divinement inspirée ; mais je crois aussi, qu'en toutes choses il faut distinguer le fond de la forme, et que, si le fond est invariable, la forme peut changer sans préjudice pour le fond.

peut dire, à notre honte, qu'il y a encore bien des plaies à cicatriser. Mais ce n'est pas à lui que ses adversaires devraient s'en prendre de cette préten- due insuffisance, c'est à l'égoïsme des mauvais chré- tiens, c'est au mauvais vouloir de ceux qui, en adoptant la livrée de la religion, en ont laissé l'es- prit et la vie. On trouve, en effet, quand on appro- fondit le Christianisme, quand on le considère dans sa doctrine, dans sa morale et dans son culte, qu'il répond aux nécessités du présent et de l'avenir, puisqu'il satisfait les besoins de l'esprit humain, les besoins de la conscience, ainsi que les besoins matériels de la vie.

Je dis d'abord que la religion chrétienne répond aux besoins de l'esprit humain. Tout homme qui réfléchit veut savoir ce qu'il est, d'où il vient, où il va ; il cherche à pénétrer le mystère de la création ; il s'interroge sur son origine, sa nature, sa fin ; il se demande avec anxiété ce qu'est Dieu, ce qu'est le monde, ce qu'est l'homme. Eh bien ! mes Frères, ces questions sur lesquelles la raison s'exerce depuis tant de siècles, et qu'elle a inutilement essayé de résoudre ; ces questions qui ont embarrassé de tout temps les plus grands esprits et les plus beaux gé- nies ; ces questions dont la solution ne serait pas encore trouvée, si Dieu n'avait pas eu pitié de notre ignorance, nous les trouvons résolues dans un livre qui s'appelle la *Bible*, et qui sert de fondement à la religion des chrétiens. Depuis des siècles, l'esprit humain s'exerce sur cette matière, les sages de tous les pays l'ont sérieusement abordée, les philosophes anciens et modernes en ont fait le sujet de leur méditation, et, chose étrange! tous y ont échoué. La Bible est le seul livre qui réponde à ces importantes questions d'une manière satisfaisante; il est le seul qui, malgré quelques obscurités inséparables de cette matière, nous indique clairement notre origine, notre nature et notre fin.

Rien de plus raisonnable, en effet, rien de plus satisfaisant que les enseignements de la Bible sur cette matière. Elle nous apprend qu'il y a un Dieu qui a créé le monde, qui le gouverne par de sages lois, et qui entretient dans l'univers ce bel ordre que nous admirons tous et dont sont frappées les intelligences même les plus vulgaires. Elle nous apprend que nous ne sommes pas ignorés et perdus dans les œuvres de la création, mais que le Créateur intelligent et le souverain Maître de toutes choses veille sur nous avec une sollicitude toute paternelle; qu'il revêt les lis des champs, qu'il nourrit les oiseaux de l'air, qu'il prend soin de toutes les créatures, et qu'il n'est pas moins notre père quand il nous menace que quand il nous sourit; quand il nous châtie, que quand il nous distribue des couronnes et des récompenses. Elle nous apprend que si, par notre corps et par les besoins qu'il éprouve, nous appartenons à la terre et nous ressemblons aux objets terrestres et périssables, par notre âme nous appartenons au monde des intelligences et nous ressemblons aux esprits bienheureux qui habitent ce monde inconnu. Elle nous apprend que nous sommes, des êtres moraux et responsables ; qu'en nous appelant à la vie, Dieu nous a donné la connaissance du bien et du mal ; qu'il a mis en nous le sentiment du bon et de l'honnête, du juste et de l'injuste ; qu'il nous a rendus capables de choisir entre Satan et lui, entre les ténèbres et la lumière, entre le vice et la vertu , et que, parvenus au terme de notre carrière, nous aurons à lui rendre compte de nos bonnes et de nos mauvaises actions. Elle nous apprend, enfin, que, pour chacun de nous, la vie est une épreuve qui se termine à la mort, qu'il n'y a point ici-bas de justice distributive, **que** Dieu fait lever son soleil sur les méchants comme sur les bons , qu'il fait pleuvoir sur les justes comme sur les injustes, mais qu'après avoir été plus ou moins longtemps éprouvés sur la terre, nous serons transportés dans un monde moral, où la justice habitera, où chacun recevra selon ses œuvres, où les bons seront récompensés et les méchants punis.

Voilà, mes Frères, autant de vérités que nous trouvons clairement enseignées dans les Écritures, et qu'ont ignorées tous les savants, tous les sages, tous les philosophes qui ne se sont pas inspirés à cette source sacrée. Tandis que les autres peuples s'égaraient dans les ténèbres de l'idolâtrie ou qu'ils

professaient un théisme mêlé aux fables les plus
grossières et les plus ridicules, le peuple d'Israël
reconnaissait un Dieu unique, il s'inclinait devant
le grand Être qui a créé les cieux et la terre et
toutes les choses qui y sont; il soutenait avec lui
des rapports moraux, il tremblait à sa parole, il
obéissait à ses commandements, il redoutait sa justice, il s'attendait à sa bonté, il le craignait comme
un juge, il l'aimait comme un père, il le chéris-
sait comme un généreux bienfaiteur. Chose mer-
veilleuse et tout-à-fait inexplicable par le raisonne-
ment! le peuple le plus ignorant, le plus grossier, le
plus abruti de tous les peuples, nous a donné de Dieu
et de sa puissance, de l'univers et de sa création, de
l'âme humaine et de sa destinée, des notions si claires,
si simples, si raisonnables, qu'elles n'ont pas été
surpassées depuis, et qu'il est impossible de trouver,
ailleurs que dans les livres des Hébreux, une doctrine qui réponde aussi bien aux besoins de notre
intelligence, et qui soit plus capable de satisfaire
les savants et les ignorants. Moïse et les prophètes,
Jésus-Christ et les apôtres, quand il s'agit de la
création du monde et de son gouvernement, de la
nature morale de l'homme, de ses obligations et
de ses devoirs, du monde à venir et de la destinée
de notre âme, sont au-dessus des anciens philosophes autant que le ciel est au-dessus de la terre. Se
peut-il, s'écrie Rousseau dans son enthousiasme
pour la Bible, se peut-il qu'un livre à la fois si

sublime et si simple soit l'ouvrage des hommes?
Se peut-il que celui dont il fait l'histoire ne soit
qu'un homme lui-même? Est-ce là le ton d'un en-
thousiaste ou d'un ambitieux sectaire...? Du sein
du plus furieux fanatisme la haute sagesse se fit entendre, et la simplicité des plus héroïques vertus
honora le plus vil des peuples.

Je dis, en second lieu, que la religion chrétienne
répond aux besoins de notre conscience. C'est une
chose certaine que tout homme est pourvu d'une
conscience, c'est-à-dire, d'une lumière intérieure
qui lui fait distinguer le bien du mal ; d'un témoin
irréprochable qui l'avertit quand il tombe ou qu'il
se relève ; d'un juge incorruptible qui l'approuve ou
qui le condamne, qui, quand il pèche, le censure
avec sévérité, et qui le récompense de la manière
la plus généreuse, quand il fait une œuvre de charité ou de justice. Cette conscience est un don de
Dieu ; elle est universelle, elle éclaire tout homme
qui vient dans le monde, et si, pour les uns, elle a
cessé de se faire entendre, si elle ne reproche aux
autres que des actions honteuses et criminelles, cela
ne veut pas dire qu'elle soit l'ouvrage du préjugé
ou de l'éducation, mais cela veut dire qu'elle a été
endormie par les uns et dénaturée par les autres.

C'est également une chose certaine que nous
sommes mauvais par nature, que nous naissons tous

avec des inclinations vicieuses , avec des dispositions au mal que nous ne pouvons pas surmonter
quand nous sommes livrés à nos propres forces , et
que chacun de nous peut dire en toute vérité,
comme l'apôtre Paul : Je ne fais pas le bien que je
voudrais faire, mais je fais le mal que je hais.
Or, dire que tous les hommes sont pécheurs , qu'ils
ont toujours péché, qu'ils pèchent encore , qu'il n'y
en a pas qui cherchent Dieu, qu'il n'y en a pas qui
fassent le bien, qu'ils se sont tous égarés, qu'ils
sont tous corrompus, et que, devant Dieu, tout
le monde doit être reconnu coupable.... c'est ex-
primer une vérité triviale. Et si, d'un côté, nous
sommes tous les jours sollicités au mal par notre
mauvaise nature, si, d'un autre côté, nous sommes
repris par notre conscience toutes les fois que nous
péchons, il est dès-lors bien évident que notre
cœur est un théâtre où le bien et le mal se rencontrent, se heurtent, se font une guerre à ou-
trance, où la chair et l'esprit luttent l'un contre
l'autre et se disputent pied à pied le terrain. Il est
dès-lors bien évident que la paix est troublée au
dedans de nous, et que nous devons beaucoup
souffrir de cette lutte continuelle, de cette guerre
incessante , entre la loi de nos membres et la loi
de notre entendement.

Voulez-vous avoir une idée de cette guerre?
Écoutez ce que dit saint Paul au 7me chapitre de
son Épître aux Romains, depuis le verset 15, jus-

qu'au verset 25me. « Je n'approuve point ce que je fais, parce que je ne fais point ce que je voudrais faire ; je reconnais par là que la loi est bonne. Ce n'est donc plus moi qui le fais, mais c'est le péché qui habite en moi. Car je sais que le bien n'habite point en moi, c'est-à-dire dans ma chair, parce que j'ai bien la volonté de faire ce qui est bon , mais je ne trouve pas le moyen de l'accomplir. Car je ne fais pas le bien que je voudrais faire, mais je fais le mal que je ne voudrais pas faire. Que si je fais ce que je ne voudrais pas faire, ce n'est pas moi qui le fais, mais c'est le péché qui habite en moi. Je trouve donc cette loi au dedans de moi : c'est que, quand je veux faire le bien , le mal est attaché à moi. Car je prends plaisir à la loi de Dieu, selon l'homme intérieur ; mais je vois une autre loi dans mes membres qui combat contre la loi de mon esprit , et qui me rend captif sous la loi du péché, qui est dans mes membres. Misérable que je suis ! Qui me délivrera de ce corps de mort ? »

N'est-ce pas, mes Frères, qu'il se passe en vous quelque chose de semblable? N'est-ce pas que votre cœur, comme celui de Paul, est un théâtre où le bien et le mal se rencontrent , se heurtent, s'entre-choquent? N'est-ce pas que la paix est troublée dans votre conscience et que vous avez beaucoup à souffrir de la guerre que se font au dedans de vous la loi du péché et la loi de la justice? N'est-ce pas que vous ne faites pas le bien que vous voudriez faire, mais que vous faites le mal que vous ne voudriez pas faire, et que, lorsque vous voulez faire le bien, vous sentez que le mal est attaché à vous? N'est-ce pas que Satan s'est acharné contre vous comme un vautour contre sa proie, qu'il déchire vos membres, qu'il vous traîne dans la boue, et que, livrés à vos propres forces, vous ne pouvez pas réussir à lui échapper? N'est-ce pas que, terrassés, vaincus par le mal, dans certains moments vous vous écriez, comme Paul, du fond de votre misère: Misérable que je suis! Qui me délivrera de ce corps de mort? Oui, qui vous délivrera de ce corps de mort? Qui vous arrachera des mains de l'impitoyable Satan? Qui vous affranchira du péché et de la punition qu'il mérite? Comment ferez-vous cesser la guerre que se font au dedans de vous le bon et le mauvais principe? Comment parviendrez-vous à réconcilier ces deux adversaires? Par quel moyen calmerez-vous les angoisses de votre conscience et donnerez-vous la paix à votre cœur?

Ce moyen, la religion vous le fournit, et, soyez-en bien convaincus, vous ne le trouverez qu'en elle. Ce serait en vain que vous le chercheriez dans les systèmes des philosophes, dans les théories des communistes et des socialistes, dans ces nouveautés étranges qui surgissent de toute part. Ces nouveautés, ces théories, ces systèmes ne vous donneront pas ce qu'ils vous promettent, parce que ce qu'ils vous promettent est impossible à réaliser;

parce que la douleur physique et la douleur morale dont ils ne pourront pas vous affranchir, troubleront éternellement l'harmonie qu'ils ont rêvée; parce que la perspective de la mort dont ils ne parviendront jamais à vous délivrer, ne vous permettra pas de goûter le bonheur qu'ils vous prêchent; parce que la paix, la joie et la félicité qu'ils ont imaginées, n'ont d'autre réalité que celle qu'ils lui ont donnée dans leurs détestables écrits; parce que, selon l'expression de la Bible, la terre est une vallée de larmes et de misère, et que toutes leurs théories n'en feront pas un paradis anticipé. La religion toute seule vous donnera ce qu'il est possible d'avoir : elle vous donnera la paix du cœur que vous cherchez depuis longtemps, et que vous n'avez pas encore trouvée. Venez à moi, dit le Sauveur des hommes aux consciences angoissées, venez à moi, vous tous qui êtes travaillés et chargés, et je vous soulagerai, et vous trouverez le repos de vos âmes. (Matthieu, XI, 28.) Allez donc à Jésus; donnez-vous à lui, donnez-vous à Dieu, convertissez-vous à l'Évangile, croyez à la bonne nouvelle du salut...., et vous serez délivrés, et vous serez soulagés, et vous serez guéris, et, dès ce moment, vous aurez trouvé le repos de vos âmes. Dieu a tellement aimé le monde qu'il a donné son fils unique au monde, afin que quiconque croit en lui ne périsse point, mais qu'il ait la vie éternelle. (Jean, III, v. 16.) Croyez donc à Jésus; croyez qu'il est le fils de Dieu et le Sau-

veur des hommes ; croyez qu'il est venu dans le
monde pour chercher et pour sauver ce qui était
perdu ; croyez qu'il s'est mis à votre place, qu'il a
été fait pour vous sagesse, justice, sanctification et
délivrance (1 Cor. I, 30); croyez qu'il a souffert
la mort que vos péchés ont méritée, et qu'en mou-
rant pour vous, il vous a délivrés ; croyez-le sans
réserve, croyez-le du fond de votre cœur, croyez-
le comme vous croyez à la chose du monde la plus
certaine.... et, dès ce moment, vous serez débar-
rassés des craintes, des erreurs, des remords qui
accompagnent le péché et qui en sont la suite né-
cessaire. Il n'y a aucune condamnation pour ceux
qui sont en Jésus-Christ (Rom. VIII. 1); soyez donc
à Jésus-Christ. Que chacun de vous puisse dire,
en toute vérité, qu'il lui appartient, qu'il est son
disciple, que ce n'est plus lui qui vit, mais que c'est
Christ qui vit en lui.... et le péché ne régnera plus
en vous, et vous ne serez plus ses esclaves, et vous
n'appartiendrez plus à Satan, et, dès ce moment,
vous serez passés de la mort à la vie. Ceux qui
sont conduits par la chair s'affectionnent aux choses
de la chair, mais ceux qui sont conduits par l'esprit s'affectionnent aux choses de l'esprit. (Rom.
VIII, 5.) Renoncez donc aux œuvres de la chair qui
sont : l'adultère, la fornication, l'impureté, la dis-
solution, l'idolâtrie, l'empoisonnement, les ini-
mitiés, les querelles, les jalousies, les animosités,
les disputes, les divisions, les sectes, les meurtres,

l'ivrognerie, les débauches et les choses sembla-
bles ; faites les œuvres de l'esprit qui sont la justice,
la charité, la paix, la douceur, la patience, la
bonté, la bénignité, la fidélité, la tempérance.....
(Galat. V, 19, 20, 21, 22), et, dès ce moment, la
guerre dont vous vous plaignez cessera, et le
principe du mal sera vaincu par le principe du bien,
et Satan sera terrassé, et la paix sera rétablie au
dedans de vous, et vous aurez trouvé le repos de
vos âmes.

Je dis, enfin, que la religion chrétienne ne répond pas moins aux besoins matériels de la vie, qu'à
ceux de la conscience et de l'esprit. C'est une chose
incontestable que le genre humain est en proie à
deux sortes de maux, dont les uns sont inévitables,
et dont les autres peuvent être soulagés et guéris.
Les premiers sont le fruit du péché, la conséquence
de la malédiction dont la terre a été frappée, le ré-
sultat du changement que la faute de notre premier
père introduisit dans le monde physique, non moins
que dans le monde intellectuel et moral. Ceux-ci
sont inhérents à notre nature corrompue, ils sont
inséparables de notre condition ici-bas, et ce sera
en vain que les communistes, les socialistes, et les
autres utopistes que je n'entreprendrai pas de nommer ici, essaieront de nous en affranchir ; ils ne
réussiront jamais dans cette singulière entreprise.

Ces maux, les hommes de tous les âges, de tous les pays, de toutes les conditions, les subissent. Ils atteignent les jeunes comme les vieux, les riches comme les pauvres, les natures fortes comme les nature faibles, ceux qui ne font rien comme ceux qui travaillent, les habitants des contrées sauvages et des climats rigoureux, comme les habitants de ces pays favorisés du ciel, où éclosent les fleurs les plus parfumées, où mûrissent les fruits les plus succulents, et il est vrai de dire qu'il n'y a pas un seul être au monde qui en soit complétement affranchi. Je ne veux pas énumérer ces maux, je craindrais que mon énumération, quelque longue qu'elle fût, ne laissât beaucoup à dire, et qu'elle ne restât au-dessous de la vérité. Il suffira d'ajouter, pour me faire comprendre, que ces maux sont dans la nature des choses, et qu'il n'est pas au pouvoir de quelques hommes de nous en délivrer. Que le socialisme, qui a la prétention de les tous guérir, entasse système sur système, utopie sur utopie, avec ses théories il ne convaincra pas un seul homme de bon sens et de bonne foi. A qui persuadera-t-il que sa panacée est souveraine, et que, grâce à sa découverte, désormais il n'y aura plus de mécontents parmi les hommes, mais que la terre sera transformée en un paradis, d'où seront bannies la douleur, la tristesse, les larmes, et où il y aura également du plaisir et du bonheur pour tous? A qui persuadera-t-il que, grâce à sa découverte, il ne faudra plus travailler péniblement la terre pour la faire produire, et que ce ne sera plus à la sueur de notre front qu'il nous faudra gagner notre pain? A qui persuadera-t-il que, grâce à sa découverte, il n'y aura plus ni tremblements de terre, ni pestes, ni guerres, ni famines, ni orages, ni tempêtes, et que le genre humain n'aura plus à souffrir de ces terribles fléaux? A qui persuadera-t-il que, grâce à sa découverte, l'air sera toujours sain, les récoltes toujours bonnes, les produits toujours abondants? A qui persuadera-t-il que, grâce à sa découverte, il n'y aura plus ni malades, ni infirmes, ni impotents parmi les hommes, que les femmes enfanteront sans douleur, que les enfants croîtront sans souffrir, et que nous traverserons tous une bien longue vie sans éprouver le moindre échec, le moindre revers, la moindre disgrâce? A qui persuadera-t-il que, grâce à sa découverte, la mère verra mourir son enfant sans en être affligée, et que des personnes unies, étroitement unies, par les liens du sang et de l'amitié, se diront un éternel adieu sans que leur cœur en souffre? A qui persuadera-t-il que, grâce à sa découverte, il n'y aura plus ni rivalités, ni jalousies, ni querelles, ni vengeances, ni injustices parmi les hommes, et que le premier et le dernier, le riche et le pauvre, le savant et l'ignorant, l'habile et l'incapable, celui qui gagnera peu et celui qui gagnera beaucoup, vivront l'un à côté de l'autre sans se porter envie? A qui persuadera-t-il que, grâce à sa découverte, la vieillesse sera préservée des peines physiques et morales qui en sont inséparables, et que le vieillard s'avancera vers le terme d'une vie, socialement parlant, si fortunée, sans en éprouver le moindre chagrin ? A qui persuadera-t-il que, grâce à sa découverte, la mort, ce cauchemar du genre humain, n'effraiera personne, et que le jeune homme dans la force de l'âge, la jeune fille couronnée de fleurs, verront l'un et l'autre, dans la plus belle saison de la vie, les portes du tombeau s'ouvrir sans jeter un regard de tristesse sur les biens de la terre ? Y a-t-il dans ce temple, y a-t-il dans le monde quelqu'un qui puisse croire à la réalisation de cette utopie, et qui ne sente pas la rougeur lui monter au front et la colère enflammer son cœur, à l'ouïe de ces détestables mensonges ? Bannir le mal de la terre, en bannir la douleur, en bannir le chagrin, en bannir les peines physiques et morales ; faire de ce monde un paradis, un Éden, un royaume des cieux, où les hommes vivront ensemble dans la paix, dans l'amour, sans se heurter, sans se porter envie, sans jamais avoir occasion de souffrir, de se plaindre et de pleurer... cela se peut-il ? je vous le demande, mes Frères, cela se peut-il ? Et ne devrait-on pas poursuivre devant les tribunaux ceux qui prêchent ces dangereuses folies, ou les traiter comme des insensés (1) ?

____

(1) Voir dans la *Destinée sociale* le chapitre sur la Rédemption, par Victor Considérant.

Mais, s'il y a dans la vie des maux inévitables que les utopistes ne parviendront pas à guérir, il en est d'autres qui peuvent être soulagés, et je ne connais pas d'institution au monde qui soit plus capable que le Christianisme de remédier à ces maux, quand bien même ils seraient beaucoup plus grands encore.

Quel est le fruit de la foi? C'est la Charité. Quel est le principal commandement que Jésus-Christ a donné à ses disciples? C'est de s'aimer les uns les autres. Quel est le lien par lequel il a voulu unir tous les hommes? C'est la fraternité. Or, avec la charité, la fraternité et l'amour, le Christianisme peut cicatriser toutes les plaies sociales ; il peut remédier aux misères sans nombre qui proviennent de l'oppression et de la pauvreté. Faites pénétrer ces trois vertus dans le cœur de tous les hommes, qu'elles président aux relations qu'ils soutiennent entre eux, qu'unis par une foi commune, ils vivent ensemble dans la charité, [dans la fraternité, dans l'amour, et, dès ce moment, le problème sera résolu : on aura guéri tous les maux qui sont susceptibles de l'être.

Dira-t-on que le Christianisme est à l'œuvre depuis dix-huit siècles, et que, quant à cela, son impuissance est reconnue ? Si les hommes ne s'aiment pas ; s'il y a parmi eux des rivalités, des jalousies, des querelles, des disputes, des divisions ; si l'ouvrier manque de travail, si le puissant opprime le faible, si le riche laisse le pauvre dans l'abandon et le dénûment ; si les uns nagent dans l'abondance, tandis que les autres manquent des choses les plus nécessaires à la vie ; si les uns vivent dans l'oisiveté et dans les plaisirs, tandis que les autres gémissent dans le travail, les privations et la souffrance ; si les uns habitent des palais somptueux, tandis que les autres sont logés dans des échoppes étroites et malsaines, ce n'est pas la faute du Christianisme, c'est la faute des mauvais chrétiens ; c'est la faute de ceux qui n'ont pris de la religion que sa livrée, et qui n'ont du chrétien qu'une vaine apparence. Quand les hommes seront chrétiens en réalité, ils s'aimeront les uns les autres, et quand ils s'aimeront les uns les autres, les inégalités, les misères, les souffrances dont on se plaint, disparaîtront. Le Christianisme fait la guerre à toutes les mauvaises passions ; il fait la guerre à l'égoïsme, à l'orgueil, à l'ambition, à l'avarice, à l'envie ; et, soyez-en bien convaincus, mes Frères, lorsque ces mauvaises passions seront détruites, il n'y aura plus de pauvres, plus d'opprimés, plus d'esclaves ; il n'y aura plus d'ouvriers sans travail, plus de familles sans pain, plus de malheureux sans ressource.

Les communistes, les socialistes et les autres utopistes que je n'entreprendrai pas de nommer ici, comprennent mal le Christianisme, quand ils l'accusent d'impuissance. S'ils le connaissaient mieux, ils sauraient que le Christianisme, sincèrement prati-

qué , suffit à tout, et qu'il est infiniment plus propre à faire le bien que leur décevantes utopies. A
les entendre , il suffirait, pour tout arranger, d'un
changement de position. Ils paraissent croire qu'un
bon moyen de remédier au mal, ce serait de changer
l'état actuel des choses , de faire une répartition
plus égale des biens de la terre et des plaisirs de la
vie, d'augmenter le bien-être du pauvre et de di-
minuer la fortune du riche... C'est une erreur. Le
mal dont ils se plaignent et dont ils croient pouvoir
nous délivrer , est incurable radicalement. Il est
possible de le soulager , mais il n'est pas possible
de le guérir ; il est possible d'améliorer le sort des
pauvres et des ouvriers , mais il n'est pas possible de les empêcher de se plaindre ; il est possible d'augmenter leur bien-être, mais il n'est au
pouvoir de personne de les rendre heureux. Ren-
verser notre édifice social et en élever un autre
sur de nouvelles bases où il y aura également du
plaisir et du bonheur pour tous, c'est la plus irréali-
sable des utopies. Disposer les choses de telle sorte et
distribuer les biens de manière que chacun sera satisfait de son lot, c'est la plus extravagante des
prétentions. Il faudrait, pour y réussir, changer
les lois de la nature humaine, et un tel miracle, il
n'est au pouvoir de personne de l'opérer. Comment ne voient-ils pas, ces aveugles, que le mal
qu'ils ont la prétention de guérir par l'application de
leurs théories, en supposant que leurs théories soient

applicables, reparaîtrait sous une autre forme et sous un autre nom. Il ne s'appellerait plus, comme autrefois, pauvreté, misère, violence, oppression, mais il n'en existerait pas moins pour cela, et il n'en ferait pas moins le malheur de notre vie. Pour atteindre le but, pour guérir ceux d'entre nos maux qui sont susceptibles de l'être, ce n'est pas à la position matérielle qu'il faut s'en prendre, c'est aux dispositions de l'âme ; ce n'est pas la fortune du riche qu'il faut attaquer, c'est son égoïsme, son orgueil, son ambition, son avarice ; ce n'est pas le bien-être du pauvre qu'il faut accroître, c'est son envie qu'il faut détruire. L'expérience nous a suffisamment appris qu'en procèdant du dehors au dedans, on ne guérit pas les maux qu'on veut soulager, et qu'on ne corrige pas les mœurs par des ordonnances. On a fait des lois contre tous les vices, et cependant les vices n'en existent pas moins pour cela. On a décrété la liberté, l'égalité, la fraternité, et cependant il n'y a pas de liberté absolue, pas d'égalité absolue, pas de fraternité absolue. On a fait des essais pour guérir les maux dont les hommes se plaignent, pour créer le paradis sur la terre, et cependant rien n'est encore changé dans notre situation ; nous sommes aussi éloignés du but qu'il soit possible de l'être. En réformant l'extérieur, les utopistes ne feront rien de durable. Pour réussir, c'est du dedans au dehors qu'il faut procéder, c'est à l'intérieur qu'il faut se prendre, c'est le cœur qu'il faut changer ; et, croyez-le bien, mes Frères, ce miracle moral il n'y a que la religion chrétienne qui puisse le faire. Au lieu d'inventer des systèmes, de créer des utopies , de fonder de nouvelles institutions , qui auront bientôt le sort de toutes les autres, qu'on propage le vrai Christianisme, qu'on s'occupe de la conversion des mauvais chrétiens et des incrédules, de ceux qui ont peu de foi et de ceux qui n'en ont pas , de ceux qui croient mal et de ceux qui ne croient à rien ; qu'on fasse des chrétiens réels, des chrétiens vivants , des chrétiens sincères, et ceux d'entre nos maux qui ne sont pas incurables, disparaîtront. Dans la primitive Église, à cette époque de foi, de ferveur et de zèle, les chrétiens, dit l'historien sacré, ne formaient qu'un cœur et qu'une âme ; il n'y avait personne parmi eux qui fût dans l'indigence ; tous ceux qui avaient des fonds de terre ou des maisons les vendaient, et ils en apportaient le prix au pied des apôtres, qui le distribuaient à tous selon le besoin que chacun en avait. (Actes IV, 34, 35.) Faites donc des chrétiens, propagez la véritable foi, communiquez à tous les cœurs un Christianisme réel, un Christianisme vivant, un Christianisme efficace ; convertissez le genre humain à la Bible, à la doctrine de l'Évangile, aux principes de morale professés et mis en pratique par Jésus-Christ. Encore une fois, faites des chrétiens, non pas de ceux pour lesquels le Christianisme est tout entier dans le baptême, dans la sainte Cène, dans la fréquentation du culte public, dans des prières récitées tous les jours, à la même heure, de la même manière, et du bout des lèvres seulement; mais faites des chrétiens qui, selon l'expression de saint Pierre, ajoutent à la foi, la vertu; à la vertu, la science; à la science, la tempérance; à la tempérance, la patience ; à la patience, la piété ; à la piété, l'amour des frères ; à l'amour des frères, la charité; et, dès ce moment, il n'y aura plus de pauvres, plus d'opprimés, plus d'esclaves ; dès ce moment il n'y aura plus d'ouvriers sans travail, plus de familles sans pain, plus de malheureux sans ressource.

Le triomphe du Christianisme est donc une chose assurée. Vous l'avez vu : la religion chrétienne répond aux besoins de l'esprit humain, aux besoins de la conscience, ainsi qu'aux besoins matériels de la vie. Elle prend l'homme tout entier : elle l'éclaire; elle le délivre de ses péchés ; elle le soulage dans ses souffrances physiques et morales, et, après l'avoir comblé de biens sur la terre, elle lui fait espérer une heureuse immortalité dans le ciel. Cette institution remonte au berceau du genre humain ; elle s'est établie malgré les nombreux obstacles qui s'opposaient à son établissement ; elle a déjà fait des conquêtes immenses ; elle a résisté jusqu'à présent aux attaques les plus violentes et les plus acharnées;

quoiqu'elle date de si loin, elle n'a pas vieilli, elle
ne s'est pas affaiblie; malgré ses nombreuses années,
elle est pleine de vie, pleine de puissance, pleine de
beauté, d'où je conclus qu'elle accomplira la destinée qui lui a été prédite par son fondateur, et qu'elle
couvrira un jour toute la face de la terre. A la vérité, elle a mis beaucoup de temps pour faire la
conquête de ce que nous appelons le monde civilisé;
et comme ce qu'elle a fait est peu de chose, comparé
à ce qui lui reste encore à faire, n'avons-nous pas à
craindre qu'elle ne puisse pas accomplir son œuvre,
et que cette œuvre, dont les progrès se sont déjà
bien ralentis, ne demeure inachevée, quoiqu'on lui
ait prédit le plus glorieux avenir?

Il faut considérer, mes Frères, que le Christianisme, malgré sa beauté divine, eut, à son apparition dans le monde, le sort de toutes les institutions
nouvelles. Il rencontra des obstacles sans nombre ;
il lui fallut soutenir des luttes terribles contre les
nombreux partisans des religions qui tombaient.
Vous savez ce qui arrive dans la société humaine,
lorsque deux principes opposés sont en présence, et
qu'ils sont défendus l'un et l'autre avec acharne-
ment. Le principe ancien, quoique usé, ne veut pas
céder la place au principe nouveau qui la lui dis-
pute, et de là des guerres longues et sanglantes qui
retardent l'établissement du principe nouveau au-
quel la victoire reste en définitive. D'ailleurs, les
conquêtes intellectuelles et morales, alors qu'elles.

pourraient se faire sans luttes, sans combats, sans violences, seraient néanmoins lentes et difficiles. Les hommes ne renoncent pas sans peine aux opinions qu'ils ont sucées avec le lait ; il leur en coûte d'abandonner les croyances dans lesquelles ils ont été nourris, et lorsque ces croyances ont la religion pour objet, la difficulté s'en augmente. Un général habile peut, à la tête d'une armée nombreuse et aguerrie, envahir une nation et la soumettre dans quelques années. Dans quelques années, il peut étendre au loin ses conquêtes, détrôner les rois, faire trembler les peuples et s'en rendre maître ; mais, dans un si court espace de temps, il ne changera pas les lois, les mœurs et les croyances de ces peuples. En faisant la conquête du pays, il ne fera pas celle des cœurs et des intelligences, car il faut des siècles pour faire prévaloir un principe, pour changer la foi, les mœurs et les habitudes des nations.

Et pourquoi viendrait-on nous opposer le peu de progrès du Christianisme, lorsqu'il a déjà conquis les peuples civilisés et qu'il étend au loin ses conquêtes chez les infidèles ? Ce qu'il a déjà fait n'est-il pas un sûr garant qu'il accomplira ce qui lui reste encore à faire, et de ses progrès dans le passé ne peut-on pas en conclure ses progrès dans l'avenir ? Songez, mes Frères, que des sociétés sans nombre, qui travaillent à l'œuvre de l'évangélisation, se sont formées sur tous les points du globe, et que déjà de nombreux missionnaires sont envoyés dans toutes les contrées du monde , pour y répandre la lumière de l'Évangile et pour y annoncer la bonne nouvelle du salut. Les ressources de ces sociétés augmentent d'année en année; d'année en année, le nombre des missionnaires s'accroît, et d'année en année, cette œuvre, déjà si grande, gagne en puissance et en étendue. Sans doute qu'elle sera longue et laborieuse ; sans doute que, malgré la protection divine qui lui est assurée, elle rencontrera des obstacles sans nombre qui retarderont ses progrès ; sans doute que bien des siècles s'écouleront encore avant que la promesse de Jésus-Christ soit accomplie, avant que le Christianisme ait planté son étendard sur tous les continents, avant que l'Évangile soit connu et pratiqué par tous les peuples de la terre. Mais, qu'importe le temps qu'il faudra, pourvu que l'œuvre s'accomplisse ? Dieu ne dispose-t-il pas de l'éternité ? Et ce que l'Évangile a déjà conquis, les conquêtes vers lesquelles il marche avec une ardeur toute nouvelle ne doivent-elles pas nous rassurer sur son existence, et nous faire espérer qu'il sera connu un jour depuis le couchant jusqu'à l'aurore, et le nom de Jésus glorifié parmi toutes les nations ?

O Dieu, hâte toi-même ces temps fortunés, où, selon tes promesses et nos espérances, la bonne nouvelle du salut sera annoncée à toute la terre, et le nom de Jésus glorifié parmi toutes les nations !

Éclaire des lumières de ton Saint Esprit les nouveaux apôtres qui se sont consacrés à cette immortelle entreprise ! Donne-leur, comme à tes premiers serviteurs, toute la force, tout le zèle, tout le courage dont ils ont besoin pour réussir dans une œuvre si importante, si utile, si bonne ! et fais que tant de peuples, qui marchent encore dans les ténèbres de l'erreur et de la superstition, instruits bientôt dans la connaissance de ton pur Évangile, t'aiment, t'adorent et te servent comme tu le mérites ! Amen.

FIN.

www.ingramcontent.com/pod-product-compliance
Lightning Source LLC
Chambersburg PA
CBHW071406030726
47594CB00006B/2359